Couvertures supérieure et inférieure
manquantes

NOTICE

SUR

L'ANCIEN CHAPITRE NOBLE

DE

NEUVILLE-LES-DAMES,

Par l'Abbé A. GOURMAND, Curé.

BOURG,
IMPRIMERIE MILLIET-BOTTIER.

1865.

NOTICE

SUR

L'ANCIEN CHAPITRE NOBLE

DE

NEUVILLE-LES-DAMES.

I.

Sur les confins de la Bresse, à une lieue et demie au nord de Châtillon, l'ancienne capitale des Dombes, on voit s'élever en amphithéâtre et se développer, au sommet d'un gracieux côteau, un petit bourg dont les maisons à double étage et symétriquement construites indiquent une origine particulière : c'est le bourg de Neuville-les-Dames, appelé autrefois Neuville-les-Comtesses.

Ce village, d'une origine fort ancienne, a eu pour berceau, comme Nantua, Saint-Rambert et beaucoup d'autres localités, un monastère autour duquel sont venus peu à peu se grouper quelques déshérités de la fortune attirés par la bienfaisante charité des moines.

Le bourg de Neuville n'était pas primitivement construit sur l'emplacement qu'il occupe aujourd'hui; il s'élevait sur la colline opposée, tout près d'un petit ruisseau qui coulait silencieusement à ses pieds. Dans des siècles déjà éloignés, un effroyable incendie détruisit en entier le village et le monastère; et alors les habitants et les moines abandonnèrent ces ruines couvertes de cendres, et vinrent construire de nouvelles demeures sur le plateau où il est actuellement assis. Ce fait appuyé sur la croyance unanime des habitants, est confirmé par les débris d'anciennes habitations que l'on trouve lorsque l'on fouille à une certaine profondeur dans le sol. C'est apparemment dans cet incendie que périrent les reliques de saint Trivier qui, au rapport de Mgr Depéry, dans son histoire hagiologique, avaient été apportées dans le Prieuré de Neuville et confiées à la garde des pieux cénobites.

Le monastère que saint Romain et saint Lupicin fondèrent, vers l'an 430, dans les flancs escarpés de l'une des chaînes du Jura, en un lieu qui portait le nom de Condat et qui, plus tard, fut appelé Saint-Claude, devint si florissant du vivant même de ses fondateurs que plusieurs moines quittèrent l'asile où ils avaient été formés à la vie cénobitique pour aller jeter ailleurs les fondements de nouveaux monastères.

Quelques-uns de ces moines abandonnèrent un jour les gorges arides du Jura et s'en vinrent, à travers les plaines fertiles de la Bresse, chercher un lieu solitaire et paisible pour continuer leur vie de prière, de silence et de méditation. L'étroite vallée du Renom et les côteaux accidentés qui la dominent, leur parurent un endroit propre à réaliser l'objet de leurs vœux: ils y fixèrent leur demeure; et bientôt cet endroit, jusque-là solitaire, retentit des louanges du Très-Haut.

Il est impossible de préciser le temps où les disciples de saint Romain vinrent jeter les fondements du Prieuré de Neuville. On a seulement quelque présomption de croire que ce fut dans le septième siècle, époque où l'on vit s'élever en France un grand nombre de monastères. Mais, quoi qu'il en soit de l'époque où ils se fixèrent dans nos contrées, ce qu'il y a de certain, c'est que, dans ces temps reculés, il y avait à Neuville un prieuré d'hommes relevant de la célèbre abbaye de Saint-Claude.

Un peu plus tard vinrent aussi, suivant toute probabilité, s'établir, à Neuville, des religieuses du monastère de la Beaume également fondé par saint Romain, non loin de Condat, sur un rocher d'où lui est venu depuis le nom de Saint-Romain-de-la-Roche.

On a prétendu, dit Guichenon, que le monastère des chanoinesses de Neuville avait été fondé, au douzième siècle, par Agnès, dame de Villars et du Châtelard en Dombes; mais cette assertion ne saurait être admise, attendu que, dans une bulle de Léon IX, en date de 1050, il est parlé de l'église de Neuville comme dépendante du monastère des filles nobles établi dans cette paroisse, et qu'Agnès de Villars ne vivait que vers le commencement du treizième siècle. Elle a pu en être la bienfaitrice, mais il est certain qu'elle n'en a pas été la fondatrice. L'historien que je viens de citer compte, pour le prieuré d'hommes, vingt prieurs, de 1260 jusqu'en 1650, dont les noms les plus connus sont :

Guillaume de Mézériat.
Pierre de Varax.
Jean de Corrobert.
Guibert de Matafelon.
André de Moyria.
Antoine de Gorrevod.
Jean-Baptiste de la Beaume de Montrevel.

Il compte, pour le prieuré de femmes, vingt-quatre prieures, de 1318 jusqu'en 1650, parmi lesquelles on remarque :

Jeanne de Montmoret.
Thomase de Dortan.
Marguerite du Saix.
Jeanne de Marmont.
Jeanne et Péronne de la Beaume.
Béatrix de Maillard du Bouchet.
Eléonore de Chevrier de la Saugerée.

Le sceau du monastère des hommes portait un lion au centre, et celui du monastère des femmes portait une colombe entourée de ces deux mots : *Conventus Novillæ* (monastère de Neuville).

II.

Le prieuré d'hommes ayant été plus tard réuni au chef d'Ordre dont il dépendait, le titre en fut éteint, et les biens dont il jouissait furent réunis au prieuré de femmes, en 1710, par un décret du cardinal d'Estrées, décret qui fut confirmé par lettres-patentes de Louis XIV, en date du mois de juin de la même année. Ce fut à cette époque que les chanoinesses commencèrent à porter le titre de Dames de Neuville, et que leur fut octroyé le droit de haute, moyenne et basse justice.

Quoique séparées du monastère principal et formant une maison à part, les religieuses nobles de Neuville continuèrent de vivre sous la dépendance du monastère de Saint-Claude qui en conserva la supériorité jusqu'en 1741. Mais, à cette époque, intervint une bulle de Benoît XIV qui sécularisa les membres du Chapitre de Saint-Claude, érigea l'église du manastère en église cathédrale et plaça la maison régulière des chanoinesses de Neuville sous la juridiction des Archevêques de Lyon, auxquels furent conférés, sur le Prieuré de Neuville, tous les droits qui étaient dévolus aux Abbés de Saint-Claude. Les chanoinesses, par délibération capitulaire du 28 juillet 1742, adhérèrent à ce changement de juridiction; et dès lors les Archevêques de Lyon furent en possession du droit de donner les brevets de chanoinesse, comme les donnaient auparavant les Abbés de Saint-Claude.

D'après une tradition fort ancienne, il est constant que les chanoinesses de Neuville avaient été autrefois séculières, et que l'état régulier ne s'était introduit parmi elles que successivement et sans l'approbation de l'autorité ecclésiastique. D'ailleurs elles n'étaient, dans leurs vêtements, distinguées des femmes du monde que par une croix pectorale et une petite bande de mousseline avec une chenille noire attachée à leur coiffure. Dans les offices et les cérémonies de l'église, elles étaient revêtues d'un long manteau traînant, orné d'une fourure blanche. Chacune d'elles habitait une maison particulière où elle vivait avec ses domestiques, et où elle recevait les membres de sa famille. Le Prieuré était composé de dix-huit maisons capitulaires et jouissait de vingt prébendes canoniales dont deux étaient affectées à la prieure et les autres à chacune des chanoinesses. Ces prébendes étaient payées partie en nature et partie en argent.

Tels étaient, de temps immémorial, les règlements et les usages du Prieuré et Chapitre de Neuville-en-Bresse, lorsque le Pape Benoît XIV, par sa bulle du 26 mars 1751, le ramena, en le sécularisant, à son institution primitive, et donna plein pouvoir aux Archevêques de Lyon de soumettre les chanoinesses à un nouveau règlement.

S. Em. le cardinal de Tencin, sur la requête de M. Navarre, promoteur du diocèse, chargea M. de Saint-Aulbin de Saligny, son vicaire-général, de fulminer la bulle de sécularisation. Pour remplir les formalités voulues en pareille circonstance, M. de Saint-Aulbin se rendit à Neuville-les-Dames, le 14 juillet 1755, où il fut reçu par les dames chanoinesses qui lui présentèrent l'acte capitulaire suivant :

« Ce jourd'hui, 2 juillet 1755, se sont assemblées, au son de la cloche et à la manière accoutumée de tenir chapitre, les nobles dames Prieure et Chanoinesses pour délibérer sur les ordonnances qui leur ont été signifiées à la requête de M. le promoteur du diocèse de Lyon, par exploit de l'huissier Fourchet, en date du 7 du mois de juin dernier, lesquelles ordonnances tendent à la fulmination d'une bulle que Sa Sainteté a bien voulu accorder pour la sécularisation du Prieuré et Chapitre et des dames qui le composent.

« Ayant reconnu que les motifs allégués par ledit promoteur, dans sa requête à S. Em. le cardinal de Tencin sont les mêmes que ceux que les dames capitulantes avaient allégués dans la supplique adressée par elles à Sa Sainteté, en la priant de pourvoir à leur état; et étant de plus en plus convaincues de l'impossibilité d'établir l'observance régulière dans notre Chapitre, malgré la réunion des deux Prieurés dont il a plu à S. Em. de nous favoriser, et attendu les circonstances d'impossibilité différentes.

« Nous, après avoir témoigné à Sa Sainteté la reconnaissance la plus vive et la plus respectueuse pour la bonté dont elle a usé à notre égard et à celui de notre Chapitre, avons consenti et consentons à ce que ladite bulle de sécularisation soit fulminée pour être exécutée en tout son contenu; promettons de nous y conformer et de renouveler le présent consentement toutes et quantes fois besoin sera. Et ont signé les dames chanoinesses professes :

Suzanne de Damas, prieure.
Anne de Foudras.
Jeanne-Aimée de la Rodde de Fressinnet.
Arthémise de Laurencin de Beaufort.

Françoise de Tenay de Saint-Christophe.
Suzanne d'Espiard d'Auxanges.
Gabrielle de la Rodde.
Marie de la Rodde de Saint-Romain.
Louise Noblet de Serrières.
Barbe de Brosse.
Anne de Foudras Desvernay.
Jacqueline de Laurencin.
Madeleine Froissard de Broissia-Velle.
Charlotte de Brosse Montfalcon.
Marie-Gabrielle de Beaurepaire.
Elisabeth de Berbis.

Absentes :

Jacqueline-Madeleine de Damas de Ruffey.
Marie de Vallins de Challe.
Marie-Marguerite de Vallins de Coppier.

M. de Saint-Aulbin procéda ensuite à une enquête minutieuse et détaillée sur l'état du Prieuré, sur son origine, sur ses revenus et sur ses charges. Quant à son origine, il ne put trouver aucun titre qui l'indiquât d'une manière certaine; tous les titres primordiaux ayant péri dans l'incendie dont il a été parlé plus haut, ou ayant été enlevés dans le temps des guerres qui éclatèrent entre les rois de France et les ducs de Savoie. Il découvrit seulement que, par une sentence arbitrale rendue en 1347, le Prieur de Neuville, qui était sans doute un religieux de Saint-Claude, était tenu de fournir annuellement à chaque chanoinesse une somme convenable pour sa nourriture, son vestiaire et sa chaussure.

Les revenus du Chapitre s'élevaient à la somme de 6,759 livres 16 sous, provenant en majeure partie de la dîme perçue dans les paroisses de Neuville, Chaneins, Saint-Cyr, La Peyrouse et Cuet; et les charges s'élevaient à celle de 2,964 livres 13 sous. D'où il résulte que le Chapitre de Neuville ne jouissait alors que d'un revenu annuel net de 3,795 livres 3 sous.

Ce revenu étant tout à fait insuffisant pour soutenir la dignité d'un Prieuré aussi recommandable et aussi utile, le cardinal de Tencin, par un décret du 21 septembre 1751 et confirmé par lettres-patentes de Louis XV, en date du mois de novembre de la même année, supprima le Prieuré de Blye en Bugey, qui relevait du Chapitre de Saint-Pierre de Lyon, et en réunit les biens au Chapitre de Neuville. Par un autre décret du 29 novembre 1752, confirmé par lettres-patentes royales du mois de décembre suivant, le Prieuré de la Bruyère en Dombes, qui dépendait de l'abbaye d'Ambronay, fut également supprimé et ses biens réunis au Chapitre de Neuville, à la condition que les dames chanoinesses payeraient une pension viagère aux prieures et aux religieuses des deux Prieurés supprimés.

III.

Après avoir examiné l'emplacement du Prieuré, l'état des maisons qui le composaient et pris l'avis des dames chanoinesses, M. de Saint-Aulbin voulut encore s'éclairer par des témoignages étrangers sur la situation du Chapitre. A cet effet, il fit, par l'huissier Fourchet, donner assignation à comparaître devant lui, à messires :

Louis-Gaston de Gripière, syndic-général de la noblesse de Bresse;

Jean-Joseph de Ronzière, doyen du Chapitre de St-André de Châtillon-les-Dombes;

Philibert-François de Garron, écuyer, seigneur de Mépillat, demeurant à Pont-de-Veyle;

Charles-Léopold de Sanders-Coligny, demeurant en son château de Coligny;

Jérôme Morel, avocat au Parlement, juge civil et criminel de la ville de Châtillon;

Claude-Antoine Blanchard, curé de Fleurieux-les-Châtillon;

Georges-Simon Perrin, curé de Chanoz-Châtenay;

Jean-Baptiste Raffet, conseiller du roi, demeurant à Pont-de-Veyle.

Ces témoins déposèrent unanimement que les dames prieure et chanoinesses du Chapitre de Neuville étaient établies depuis longtemps dans cette paroisse, qu'elles y avaient toujours vécu en particulier, ayant chacune sa maison où elle avait la faculté de recevoir ses parents et de retirer des nièces naturelles ou adoptives en faveur desquelles elle disposait d'une partie de ses biens; que plusieurs de ces maisons avaient été bâties aux frais des familles nobles qui y plaçaient leurs filles; que les revenus étaient propres à chacune et entièrement à son usage; qu'il n'y avait ni cellule, ni dortoir ni salle de noviciat; que l'on donnait l'habit à des filles nobles en bas âge et que les demoiselles ainsi reçues passaient, pour la plupart, leur jeunesse dans une des maisons dudit Chapitre avec une des dames, même l'année de probation; que les dames chanoinesses émettaient les vœux de chasteté, de pauvreté et d'obéissance, mais qu'elles n'avaient jamais prétendu, par ces vœux, s'engager que conformément aux usages et coutumes de la maison, lesquels leur laissaient la libre et entière jouissance des revenus du Chapitre et des pensions de leurs parents, la faculté de se retirer, pendant trois mois de l'année, dans le sein de leurs familles sans rien perdre des revenus de leurs prébendes; enfin qu'il était très difficile, pour ne pas dire impossible, de convertir le Prieuré en une communauté régulière, vu la rareté des matériaux et la modicité des revenus du Chapitre; et que le parti de la sécularisation paraissait le plus sage pour ne pas alarmer la conscience de ces dames et pour soutenir un établissement qui était extrêmement avantageux à la noblesse. »

Tous ces témoignages n'étaient que le résumé des règlements et des usages suivant lesquels les chanoinesses avaient vécu dans le passé.

Un nouveau mode d'existence allait commencer pour elles.

IV.

Le 12 septembre 1755, M. de Saint-Aulbin, accompagné de messires Nicolas Navarre, promoteur; Pierre Soleymieux, curé de Neuville; Joseph Muzy, aumônier du Chapitre; et de plusieurs comtes et seigneurs, se rendit dans l'église du Prieuré où étaient réunies les dames chanoinesses et un grand nombre de personnes de la localité et des localités voisines. Après avoir célébré les saints mystères, il donna à haute et intelligible voix lecture de la bulle de Sa Sainteté Benoît XIV, et du décret de Mgr de Tencin, portant sécularisation du Prieuré, Chapitre et chanoinesses de Neuville-les-Dames, en Bresse, de l'Ordre de Saint-Benoît, et remit auxdites dames chanoinesses le règlement dressé par S. Em. le cardinal archevêque de Lyon. Ce règlement, ainsi que le décret de sécularisation, fut confirmé par lettres-patentes du roi données à Versailles, le 4 novembre 1755.

Par ces mêmes lettres-patentes, Louis XV autorisa les dames de Neuville à prendre le titre de comtesses avec la décoration d'un cordon distinctif. Au lieu d'une croix d'or qu'elles portaient auparavant, elles en prirent une semblable à celle des comtes de Lyon, dit le père Menestrier dans ses études sur les armoiries : c'était un ruban bleu céleste, liseré de rouge, porté en écharpe auquel pendait une croix émaillée de blanc et bordée d'or; sur l'un des côtés était représentée la

Sainte-Vierge, et, sur l'autre, sainte Catherine avec cette légende : *Genus, decus et virtus* (noblesse, honneur et vertu).

Voici ce que contenait en substance le nouveau règlement composé de 175 articles.

L'église des chanoinesses comtesses de Neuville était qualifiée de noble église collégiale et séculière sous le vocable de sainte Catherine, comme précédemment, et était immédiatement soumise à la juridiction de l'Archevêque de Lyon et de ses successeurs.

Le Chapitre était composé de trois dignités : une doyenne, une chantre et une secrète ou sacristine; de vingt places de chanoinesses prébendées et d'un nombre illimité de chanoinesses non prébendées. On ne pouvait parvenir à aucune dignité avant l'âge de 30 ans.

La doyenne était nommée par le Chapitre à la pluralité des voix, et seule faisait vœu de chasteté, de stabilité et d'obéissance. La dignité de chantre était à la nomination alternative de l'Archevêque de Lyon et de l'Abbesse de Saint-Pierre de la même ville; et la dignité de secrète, à la nomination alternative de la doyenne et de l'Abbé d'Ambronay, ainsi qu'il avait été stipulé par le décret d'union au Chapitre de Neuville du Prieuré de la Bruyère et de celui de Blye.

La doyenne avait partout la préséance et officiait les jours de Noël, de Pâques, de Pentecôte et de Sainte-Catherine. Les quatre dernières chanoinesses prébendées allaient, ces jours-là, la prendre chez elle à chacun des offices, l'accompagnaient à sa place au chœur et la reconduisaient dans sa demeure après l'office divin.

Aucune demoiselle ne pouvait être admise dans le Chapitre de Neuville sans faire preuve, par titres originaux de noblesse, de nom et d'armes de cinq générations du côté paternel sans compter la présentée ; et, du côté maternel, il fallait prouver que la mère de la présentée était demoiselle, c'est-à-dire noble. Cette preuve était vérifiée par deux chanoines comtes de Lyon, puis agréée par le Chapitre, après quoi l'Archevêque de Lyon donnait un brevet de place de chanoinesse. Il donnait aussi des brevets d'expectative aux demoiselles de tout âge, après les preuves de noblesse reconnues. On admettait également au Chapitre des chanoinesses honoraires, après 15 ans de brevet ; et des chanoinesses d'honneur, après 25 ans d'âge. Le nombre de ces dernières était fixé à six. Pour obtenir ce titre, il fallait justifier de 2,000 livres de rentes, et payer 1,200 livres pour frais de réception et pour la décoration de l'église.

Les chanoinesses prébendées étaient tenues de dire le bréviaire romain soit au chœur, soit en particulier ; les non prébendées étaient obligées à la récitation du petit office de la Sainte-Vierge lorsqu'elles n'assistaient pas au chœur. Elles portaient le noir à l'église et dans toutes les cérémonies religieuses. L'habit de chœur était un long manteau noir bordé au bas et au collet d'hermine blanche.

Les chanoinesses prébendées étaient astreintes à la résidence capitulaire au moins neuf mois par année ; et les chanoinesses brevetées, quatre mois. Si l'absence se prolongeait au-delà du terme fixé, il était retenu 24 livres par mois sur le revenu des chanoinesses prébendées; et les chanoinesses brevetées, lorsqu'elles parvenaient aux prébendes canoniales, étaient privées de tous les gros fruits, autant d'années qu'elles avaient négligé de résider. L'année de résidence commençait le jour de la fête de Sainte-Catherine.

Chaque chanoinesse pouvait adopter pour nièces des parentes ou des étrangères, même plusieurs, si elles étaient sœurs et si la maison de l'adoptante était suffisante pour leur logement. Dès le moment de l'adoption, ce logement était assuré aux nièces, ainsi que les meubles et l'argent monayé jusqu'à concurrence de 600 livres. Les autres biens retournaient à la famille.

Aucune chanoinesse ne pouvait vivre en son particulier avant 25 ans accomplis.

Le nombre des chanoinesses prébendées ayant été fixé à 20, il devait aussi exister 20 maisons capitulaires pour leur logement. Ces maisons étaient la propriété particulière des chanoinesses; mais elles ne pouvaient être aliénées qu'en faveur d'une demoiselle brevetée, et de l'agrément du Chapitre.

Pour soutenir sa dignité la doyenne jouissait des revenus d'un domaine situé à Neuville, appelé Servas, de 12 coupes de froment et 12 de seigle, et d'une somme de 600 livres à prélever sur les revenus du Chapitre. La Chantre et la Secrète prélevaient chacune 100 livres sur les mêmes revenus.

L'aumônier devait chanter grand'messe tous les jours, et les vêpres aux fêtes doubles. A la mort d'une chanoinesse il veillait le corps jusqu'à 10 heures du soir.

Le prédicateur du carême était choisi par la doyenne, nourri par elle et rétribué par le Chapitre.

Chaque dimanche, deux chanoinesses prébendées assistaient à la messe paroissiale pour jouir des droits honorifiques attachés aux seigneurs et aux dames de paroisse. En vertu de ces droits, les chanoinesses chantaient, le jour de la fête du Saint-Sacrement, dans l'église paroissiale, la grand'messe, qui était célébrée par le curé; elles assistaient ensuite à la procession, précédant immédiatement le dais : la doyenne marchait seule et la dernière.

Ce nouveau règlement fut reçu avec reconnaissance, et les dames chanoinesses s'y soumirent d'autant plus volontiers qu'il s'accordait, en beaucoup de points, avec celui qu'elles avaient observé jusque-là. Presque tous leurs droits anciens étaient respectés, leurs usages conservés, et, tout en étant déliées des vœux qu'elles avaient faits, excepté celui de chasteté, elles n'en continuèrent pas moins à vivre comme si elles y avaient toujours été assujéties.

Outre la fidélité qu'elles mettaient à s'acquitter de tous les exercices prescrits par leurs nouveaux statuts, il y en avait un autre qui ne s'y trouvait pas inscrit, et qu'elles accomplissaient avec un zèle non moins empressé, c'était l'exercice de la charité. Pas un malade qui ne fût visité, pas un pauvre qui ne fût secouru, tout ce qu'il y avait de malheureux accourait vers cet asile de la bienfaisance, assuré d'y trouver sympathie, secours et consolation. Aussi le nom des chanoinesses n'était jamais prononcé sans être accompagné d'une parole de bénédiction et de reconnaissance ; et, aujourd'hui encore, leur souvenir fait naître dans bien des cœurs des sentiments de vifs et sincères regrets.

V.

Le Chapitre de Neuville acquérait chaque jour une nouvelle importance par les services qu'il rendait au corps de la noblesse. Mais l'état de ses ressources, malgré la réunion des Prieurés de Blye et de la Bruyère, était loin d'être en rapport avec les sacrifices qu'il était souvent obligé de s'imposer. Les chanoinesses alors se déterminèrent à informer le roi de la situation gênée dans laquelle elles se trouvaient. Leur démarche fut couronnée d'un heureux résultat. Le 2 septembre 1781, Louis XVI signa, à Versailles, une ordonnance portant suppression de l'abbaye de Tournus et réunion de ses biens moitié à l'évêché de Châlon, et moitié au Chapitre de Neuville. En ce qui concernait le Chapitre de Neuville, il fut stipulé 1° que les maisons canoniales seraient rachetées successivement pour devenir propriété capitulaire, et que, pour arriver à cette fin, il serait prélevé, chaque année, une somme de 4,000 livres et plus, si besoin était, sur les revenus de ladite abbaye.

2° Que lorsque toutes les maisons seraient devenues capitulaires, les chanoinesses brevetées qui seraient reçues payeraient un droit d'entrée de 2,000 livres pour l'acquit des charges extraordinaires du Chapitre.

3° Que deux nouvelles prébendes seraient ajoutées

aux anciennes sous les mêmes conditions de revenus, et jouiraient des mêmes avantages.

4° Qu'il serait affecté, outre le préciput annuel, une somme de 3,000 livres au doyenné, 2,000 livres à la chantrerie et 1,500 livres aux fonctions de Secrète, et qu'il serait établi une quatrième dignité sous le nom d'Aumônerie avec un préciput de 1,800 livres, à la charge par l'Aumônière de distribuer aux pauvres 100 livres chaque année.

Par suite de cette nouvelle réunion, le Chapitre de Neuville devint possesseur des seigneuries de Tournus, Préty, La Crot, Uchizy, Plottes et Azey, situées en Bourgogne, et du doyenné de Chevroux situé en Bresse. Cet agrandissement territorial et seigneurial augmenta considérablement les revenus capitulaires. Du chiffre net de 3,795 livres 3 sous établi en 1755, ils atteignirent celui de 54,321 livres 12 sous, suivant la déclaration qui en fut faite en vertu du décret de l'Assemblée nationale du 13 novembre 1789. D'après cette même déclaration, il résulte que le Chapitre était décimateur, en totalité ou en partie, dans dix-neuf paroisses, tant en Bourgogne et en Lyonnais qu'en Bresse et en Dombes. La dîme, dans certaines localités, se percevait sur le blé à la 11e gerbe, et dans d'autres à la 15e; mais elle se percevait généralement à la 10e partie sur le vin, le chanvre et tous les menus grains. Outre les revenus provenant de ces dîmes et du fermage des domaines et autres propriétés capitulaires, il possédait encore des rentes sur l'hôtel-de-ville de Paris, la Généralité de Grenoble, la province de Bourgogne, les Etats du Mâconnais, et sur le Tiers-Etat de Bresse.

Les charges étaient proportionnées aux revenus. Elles reposaient sur l'obligation par le Chapitre de pourvoir à l'entretien de plusieurs églises des paroisses où il était décimateur; de payer des redevances assez fortes à l'évêché de Mâcon, au Chapitre de Tournus, à d'autres maisons religieuses et à différents particuliers; de fournir des portions congrues à 21 curés et vicaires relevant des seigneuries dont il était possesseur. Celle du curé de Neuville s'élevait à 1,050 livres. Mais comme les revenus n'étaient pas entièrement absorbés par les charges, le surplus était affecté, une partie tant aux dignités qu'aux prébendes et aux distributions; et l'autre partie était destinée à rétribuer les douze plus anciennes chanoinesses brevetées. Les pauvres avaient aussi leur part.

Les dames chanoinesses travaillaient à organiser le Chapitre sur les bases fixées par la dernière ordonnance royale, lorsque la révolution de 89 vint bouleverser, en France, toutes les institutions. Le Chapitre noble de Neuville ne devait pas être épargné, et il succomba, en effet, comme les autres établissements religieux, sous l'action des lois révolutionnaires. Mais ce ne fut que le 10 décembre 1790 qu'il fut complètement dissous. Avant leur dispersion définitive, les dames chanoinesses adressèrent aux administrateurs du district de Châtillon-lès-Dombes la déclaration suivante, qui est un éclatant témoignage de leur vive foi et de leur courageuse résignation :

« Ce jourd'hui, 9 décembre 1790, mesdames les

doyenne, dignités, chanoinesses comtesses et chapitre de l'église collégiale de Neuville-les-Dames, en Bresse, capitulairement assemblées au lieu et à la manière prescrite et accoutumée de tenir chapitre pour un chapitre extraordinaire; fidèles aux engagements qu'elles ont contractés en se consacrant au service des autels, animées des mêmes sentiments que celles qui les ont précédées, depuis tant de siècles, dans cette église; ayant toujours regardé l'office canonial et l'acquittement des fondations de leurs pieux bienfaiteurs comme un devoir sacré et indispensable, par la promesse que chacune d'elles en a faite lors de sa réception, déclarent, tant en leur nom qu'en celui des chanoinesses absentes, que ce n'est qu'avec la plus profonde douleur qu'elles cessent leurs fonctions sacrées, étant forcées de se soumettre à la sommation qui leur sera faite aujourd'hui par les commissaires du district de Châtillon-lès-Dombes, dont elles ont été prévenues par M. Delorme, procureur syndic du district. Déclarent en outre lesdites chanoinesses que, si l'émission de leurs vœux et prières ne leur est plus permise en commun pour le maintien de la pureté de la religion, la conservation du roi et le salut de l'Etat, ces objets ne cesseront jamais d'être le vœu particulier de leurs cœurs et celui de leurs prières.»

Le lendemain, sur chaque route aboutissant au village de Neuville, on rencontrait des femmes au visage triste, mais à la démarche noble et résignée, s'éloignant du bourg en versant des larmes, c'étaient les dames chanoinesses qui, au nom des grands principes de liberté et de fraternité, venaient d'être chassées de leurs demeures. Les 25 maisons dont se composait alors le Chapitre, étaient désertes, la cloche muette et la lampe du sanctuaire éteinte. Les barrières qui protégeaient le saint asile venaient d'être brisées, et les hurlements de la haine et de l'impiété remplissaient l'enceinte qui, pendant de longs siècles, n'avait retenti que des accents de la prière et des cantiques sacrés. L'ancien Prieuré de Neuville n'existait plus que de nom.

Au moment de la dispersion de ses membres, le Chapitre comptait 58 chanoinesses titulaires, 6 chanoinesses honoraires, 6 chanoinesses d'honneur et 3 prétendantes aux places de chanoinesses d'honneur. Dans ce nombre on voit figurer divers noms de familles encore très-connues, telles que les de Foudras, de Varenne, de Berbis, de Vallins, de Montazet, de la Teyssonnière, de Polignac, de Fénelon, etc. La chanoinesse qui portait ce dernier nom était une descendante de la famille de l'illustre archevêque de Cambrai.

Le Chapitre nommait à la cure, et un aumônier spécial desservait l'église des comtesses. M. Gaillard fut le dernier curé nommé par elles, et M. Musy leur dernier aumônier. Elles nommaient aussi à la cure de La Peyrouse en Dombes.

VI.

Lorsque le calme fut rétabli et qu'il fut permis aux gens de bien de paraître au grand jour sans danger pour leur vie, deux dames seulement de ce florissant

Chapitre (1) purent venir se réinstaller dans leurs anciennes habitations à moitié dévastées, et finir leurs jours aux lieux où, dans des temps meilleurs, elles s'étaient consacrées au service de Celui qui sait apprécier les plus légers sacrifices, et qui sait amplement les récompenser. L'année 1848 a vu s'éteindre, en la personne de Mme de Berbis de Saint-Julien, la dernière survivante de cet antique Chapitre. Elle y avait été admise en 1768.

Les bâtiments du noble Chapitre formaient une enceinte intérieurement très irrégulière et presque triangulaire à l'extérieur. On y arrivait par deux portes opposées qui étaient ouvertes au lever du soleil et fermées, le soir, à onze heures au plus tard. Sur chaque côté de cette enceinte et sur un plan uniforme, s'élevaient les maisons des dames chanoinesses, prenant toutes leur entrée sur la place réservée à l'intérieur et sillonnée de trottoirs en briques qui, du seuil de chaque maison, venaient aboutir au péristyle de l'église. Cette place, qui a conservé le nom de place du Chapitre, est devenue communale et sert actuellement de champ de foire.

Sur une ligne prolongée et parallèle aux bâtiments situés à l'occident, s'étendait, sur une longueur de plus de 200 mètres, une large allée ombragée par de hauts tilleuls, où les dames chanoinesses pouvaient, selon leurs désirs, prendre leurs délassements journaliers. Cette agréable promenade a été transformée partie en jardins et en terres labourables, et partie en une place publique sur laquelle on voit, entourée d'une

(1) Mmes DE BERBIS et DE CHEVIGNÉ.

grille de fer, s'élever une colonne toscane surmontée d'une statue de la Sainte-Vierge : c'est le don pieux d'une famille honorable de la localité.

L'église capitulaire était adjacente à l'église paroissiale; elle fut vendue par les ordres du niveleur et vandale Albitte, et les acquéreurs se hâtèrent de la démolir pour bénéficier sur les matériaux qui, outre la valeur qu'ils avaient par eux-mêmes, en tiraient une autre de l'éloignement des carrières et de la difficulté des transports. Les rares vieillards qui existent encore aujourd'hui, n'ont conservé qu'un vague souvenir des dimensions et du caractère de cette église; il leur est seulement resté dans la mémoire qu'elle était construite en pierres de taille, et qu'elle avait à peu près la forme de l'église paroissiale actuelle; ce qui donne à croire qu'elle appartenait à l'architecture romane, genre spécial à presque toutes nos églises de Dombes. Deux choses seulement de cet édifice ont échappé au marteau démolisseur : les stalles actuellement placées dans le chœur de l'église paroissiale de Neuville-les-Dames, qui en sont un des morceaux les plus remarquables; et le maître-autel en marbre qui, je ne sais par quelle circonstance, a été transporté dans l'église de Mézériat, où on le voit encore aujourd'hui.

Après avoir abattu église et clocher, la tempête révolutionnaire se déchaîna avec la même fureur sur quelques maisons des dames chanoinesses et les détruisit de fond en comble. Sur le sol qu'elles occupaient, on a formé différents jardins à l'entrée desquels on pourrait retracer cette inscription qu'on lisait sur la porte de celui de Beaumarchais, créé à Paris à la même époque :

Ce petit jardin fut planté
L'an premier *de la liberté.*

C'était, en effet, *une liberté inappréciable* que celle de ne pouvoir conserver ses biens et d'être obligé d'aller manger le pain de l'exil pour sauver ses jours!

Parmi les maisons qui sont restées debout, et c'est heureusement le plus grand nombre, deux seules, comme des témoins vivants du passé, ont conservé tous les caractères de leur destination primitive (1); les autres sont tombées entre les mains de différents particuliers qui les ont transformées en ateliers, en magasins, ou les ont appropriées aux besoins exigés par leur profession. Dans quelques-unes de ces maisons, on voit encore de larges mais gracieuses cheminées en marbre style Louis XV, des parquets très-bien conservés, et des boiseries remarquables par les divers genres de sculpture dont elles sont ornées.

Ainsi quelques stalles et des maisons presque toutes transformées sont les seuls et derniers vestiges de ce Chapitre, qui a compté de si longues années d'existence, et qui a abrité dans son sein les membres des familles les plus distinguées non seulement de la Bresse, des Dombes et des pays circonvoisins, mais encore des points les plus éloignés de la France. Encore un demi-siècle, et le noble et célèbre Chapitre de Neuville-les-

(1) Elles sont aujourd'hui la propriété des Sœurs de Saint-Joseph de Bourg, sous la direction desquelles ont été établis une école pour les filles en 1831, un hôpital en 1840, et une salle d'asile en 1865.

Dames n'existera plus que comme une légende des temps passés.

Au moment où il fut supprimé, le Chapitre de Neuville était composé des dames :

Chanoinesses titulaires.

Marie-Gabrielle-Joseph de Charbonnier-Crangeac, doyenne ;

Suzanne-Françoise d'Espiard d'Auxanges, chantre ;

Marie-Louise-Charlotte de Chastenay-Lanty, secrète;

Marie-Charlotte de Charbonnier, aumônière;

Marie de la Rodde de Saint-Romain ;

Marie-Joseph de Vallins;

Marie-Marguerite de Vallins-Coppier ;

Marie-Etiennette de la Rodde;

Suzanne Terrier de Maillé;

Marie-Louise-Gabrielle des Crues ;

Marie-Joseph des Crues ;

Anne-Louise de Menthon de Rosy;

Marie-Pauline-Joséphine de Riccé;

Françoise-Marie de Bataille ;

Claudine-Bernardine de Menthon de Rosy;

Louise-Philiberte du Breul des Crues;

Anne-Marie du Breul des Crues ;

Marie-Marguerite Bernard du Dressier;

Marie-Françoise de Buffevent;

Marie-Claudine-Charlotte du Dressier ;

Agnès-Esprit de Damas de Cormaillon ;

Catherine-Charlotte de Damas de Cormaillon ;

Suzanne-Charlotte le Goux de Saint-Seyne;
Marie de Varennes;
Anne-Baptiste de Varennes;
Marie-Anne-Louise de Durfort-Léobard;
Madeleine-Françoise Dupac de Bellegarde;
Claire Dupac de Bellegarde;
Louise-Henriette Dupac de Bellegarde;
Claudine-Philippine de Berbis de Longecour;
Camille-Colombe de Charpin-Fougerolles;
Marie-Anne de Noblet de la Clayette;
Louise-Françoise de Noblet de la Clayette;
Jeanne-Thérèse de Malarmay de Rossillon;
Anne-Françoise-Adélaïde de Durfort;
Pauline-Marie de la Myre de Mory;
Alexandrine-Emilie de la Myre de Mory;
Louise-Camille de Noblet de la Clayette;
Pierrette-Françoise de Malarmay de Rossillon;
Marie-Céleste de Charbonnier de Crangeac;
Marie-Augustine de Brachet;
Catherine-Françoise de Brachet;
Marie-Christine de Brachet;
Marie-Gabrielle de Monestay;
Marie-Aimée de Prudhomme de Fontenoy;
Louise-Julienne de Noblet de la Clayette;
Marie-Françoise de la Rivière;
Madeleine de Monestay;
Elisabeth-Sophie de Beauregard;
Jeanne-Marie de Lévy de Mirepoix;
Françoise de Fénelon;
Laure de Salignac-Fénelon;

Augustine de la Motte-Fénelon;
Elisabeth-Ursule de Saxe;
Marie-Catherine-Marthe de Saxe;
Béatrix-Françoise de Saxe;
Cunégonde-Hélène de Saxe;
Christine-Sabine de Saxe.

Chanoinesses honoraires (1).

Anne-Angélique de Foudras;
Marguerite-Antoinette de Beaurepaire;
Marie-Claudine de Damas;
Marie-Marguerite de la Rodde de Charnay;
Marie-Catherine de la Rodde de Bellefons;
Marie le Bascle d'Argenteuil.

Chanoinesses d'honneur.

Gabrielle de Bernard de Montessus de Rully;
Marie de Lecut de Rerel;
Jeanne de Malvin de Montazet;
Henriette de Laurencin de Beaufort;
Agathe d'Hautefort;
Marie de Fontange.

Prétendantes aux places de Chanoinesses d'Honneur.

Antoinette de Sommery;
Louise-Joséphine de Chevigné;
Jeanne de Sarsfield.

(1) Aucune demoiselle reçue ne pouvait obtenir le titre de chanoinesse honoraire avant 45 ans d'âge et 10 années de prébende, outre les 15 années de brevet dont il est parlé plus haut.

VII.

Le Chapitre de Neuville n'était pas le seul destiné à donner asile aux demoiselles des familles nobles que la fortune avait abandonnées; il en existait d'autres dans l'ancien diocèse de Lyon : Alix, l'Argentière, Leigneux et Salles. Ces divers Chapitres, comme celui de Neuville, étaient composés de chanoinesses titulaires, de chanoinesses honoraires et de chanoinesses d'honneur. Parmi ces dernières, on voit figurer, dans chaque Chapitre, le nom de Mlle de Malvin de Montazet, et, dans celui de Salles, comme titulaire, Mlle Marie-Alexandrine de Lamartine du Villard.

Tous ces Chapitres étaient soumis à la juridiction immédiate de l'archevêque de Lyon, excepté celui de Leigneux, qui relevait de l'Abbaye royale de Savigny, de l'ordre de Saint-Benoît, située près de l'Arbresle (1). Les conditions d'admission dans ces Chapitres nobles reposaient sur la preuve authentique de plusieurs degrés de noblesse. Mais celui de Neuville l'emportait sous le rapport de l'ancienneté de son origine, des services considérables qu'il rendait aux familles nobles, et des membres nombreux dont il était composé; car, quoique placé sous un climat brumeux et insalubre, il voyait arriver dans ses murs des filles nobles de toutes les parties de la France, et même des pays étrangers :

(1) Cette Abbaye fut supprimée, en 1780, par une bulle de Pie VI, et les biens qui en dépendaient furent réunis aux Chapitres de Leigneux, d'Alix et de l'Argentière.

les demoiselles de Saxe, filles du prince royal de Pologne, qui y avaient été admises en 1782, en fournissent une preuve irréfragable.

Les chanoinesses comtesses étaient dames de la paroisse de Neuville, avec droits honorifiques sur la seigneurie de la Chassagne. Le château qui portait ce nom, était situé sur le versant oriental de la vallée du Renom, à une demi lieue au midi du bourg. Jean d'Etré, qui en fut un des premiers seigneurs, le vendit, en 1400, à Etienne Burdet, qui ne le garda que quelques années. Il passa ensuite entre les mains de Jacques Carion, dont les descendants en firent hommage à François Ier, le 3 août 1536. Depuis cette époque, il devint la propriété successive de différents seigneurs, dont le dernier a été M. Garron de la Bévière. Il ne reste plus aujourd'hui de cet antique château qu'un pan de mur percé de fenêtres très-irrégulières, et aux extrémités duquel on voit encore, en saillie, deux restes de tours carrées qui servent en partie à l'habitation du fermier de cette terre.

La chapelle a subi le sort du château auquel elle était contiguë; mais le souvenir en est conservé par une fondation de messes faite le 15 novembre 1717, par Joseph Guilin de Montjustin, alors propriétaire de cette seigneurie. Ces messes sont actuellement célébrées dans l'église paroissiale de Neuville, suivant les intentions exprimées dans l'acte de fondation, et d'après un contrat intervenu, en 1810, entre l'autorité diocésaine et les héritiers du dernier seigneur.

La seigneurie de la Chassagne dont il est ici question,

ne doit pas être confondue avec l'abbaye de la Chassagne, de l'ordre de Citeaux, fondée en 1170, dans la paroisse de Crans en Dombes, et dont l'Evêque du Puy était seigneur et abbé commendataire. Cette Abbaye, comme toutes les autres communautés religieuses qui existaient en France, n'a pu résister au torrent dévastateur de 93; elle a été engloutie sous les flots de l'impiété soulevés par les doctrines subversives du siècle dernier.

Les dames chanoinesses ne renfermaient pas, dans l'enceinte du Chapitre, l'autorité de leur influence et l'activité de leur zèle; elles les étendaient encore au dehors et les faisaient servir au bien-être des habitants et des populations circonvoisines. Par leurs soins, des ponts en pierres, les premiers peut-être jetés sur les rivières des Dombes, furent construits sur le Renom; les rues des villages furent pavées, les enfants instruits même à cette époque où l'on était loin d'apprécier, comme aujourd'hui, les bienfaits de l'instruction. Mais on leur est surtout redevable de l'établissement de cette large route qui met Neuville en communication avec Bourg et Trévoux, et par suite avec Lyon. C'était, au rapport de Lalande, cette route que suivait autrefois le courrier qui transportait les dépêches de la capitale du Lyonnais dans la capitale de la Bresse.

Ces travaux, qui, de nos jours, seraient considérés comme de peu d'importance, en avaient une très-grande à cette époque; attendu que le progrès qui s'est développé si rapidement parmi nous, commençait à peine alors à faire sentir ses heureuses influences.

www.ingramcontent.com/pod-product-compliance
Ingram Content Group UK Ltd.
Pitfield, Milton Keynes, MK11 3LW, UK
UKHW021206230726
13926UKWH00001B/333